AF338792

EXPOSÉ

DE

LA SITUATION DE L'EMPIRE,

PRÉSENTÉ

PAR S. EX. LE MINISTRE DE L'INTÉRIEUR,

AU CORPS LÉGISLATIF,

Le 29 juin 1811.

A PARIS,

DE L'IMPRIMERIE IMPÉRIALE.

Juillet 1811.

EXTRAIT DES MINUTES

D E

 LA SECRÉTAIRERIE D'ÉTAT.

Au palais de Saint-Cloud, le 28 Juin 1811.

NAPOLÉON, Empereur des Français, Roi d'Italie, Protecteur de la Confédération du Rhin, Médiateur de la Confédération suisse, &c. &c. &c.

Nous avons nommé et nommons, pour présenter au Corps législatif l'Exposé de la situation de l'Empire, demain samedi 29 juin, à trois heures après midi,

2

Le Comte DE MONTALIVET, notre Ministre de l'intérieur,

Et les Comtes DE SÉGUR et DE LAVALLETTE; membres du Conseil d'état.

Signé NAPOLÉON.

Par l'Empereur :

Le Ministre Secrétaire d'état, signé LE COMTE DARU.

Pour extrait conforme :

Le Secrétaire général du Conseil d'état, signé J. G. LOCRÉ.

EXPOSÉ

DE

LA SITUATION DE L'EMPIRE.

Messieurs,

Depuis votre dernière session, l'Empire s'est accru de seize départemens, de cinq millions de population, d'un territoire donnant un revenu de 100 millions, de trois cents lieues de côtes et de tous leurs moyens maritimes. Les embouchures du Rhin, de la Meuse et de l'Escaut n'étaient point françaises : la circulation de l'intérieur de l'Empire était gênée ; les productions des départemens de son centre ne pouvaient arriver à la mer que soumises à des douanes étrangères. Ces inconvéniens ont disparu pour toujours. L'arsenal maritime de l'Escaut, auquel se rattachent tant d'espérances, a reçu par-là tout le développement qu'il doit avoir. Les embouchures de l'Ems, du Weser et de l'Elbe mettent en notre possession tous les bois que fournit l'Allemagne. Les frontières de l'Empire s'appuient sur la Baltique ; et ayant ainsi une communication directe avec le Nord, il nous sera facile d'en tirer les mâtures, les chanvres, le cuivre et les autres munitions navales dont nous pourrons avoir besoin. Nous réunissons aujourd'hui tout ce que produisent en objets qui entrent dans la construction des vaisseaux, la France, l'Allemagne et l'Italie.

Le Simplon, devenu français, nous assure une nouvelle communication avec l'Italie.

La réunion de Rome a fait disparaître l'intermédiaire fâcheux qui se trouvait entre nos armées du nord de l'Italie et celles du midi, et nous a donné sur la Méditerranée de nouvelles côtes utiles et nécessaires à Toulon, comme celles de l'Adriatique le sont à Venise. Cette réunion porte encore avec elle le double avantage que les papes ne sont plus souverains et ne sont plus étrangers à la France. Il ne faut qu'ouvrir l'histoire pour se souvenir de tous les maux qu'a faits à la religion la confusion du pouvoir temporel et du pouvoir spirituel. Sans cesse les papes ont sacrifié les choses saintes aux choses temporelles.

Ce n'est pas le divorce de Henri VIII qui a séparé l'Angleterre de l'église de Rome; c'est le *denier* de saint Pierre.

S'il est avantageux à l'État et à la religion que le pape ne soit plus souverain, il est également avantageux à l'Empire que l'évêque de Rome, chef de notre église, ne nous soit pas étranger, et qu'il réunisse dans son cœur à l'amour de la religion celui de la patrie, qui caractérise les ames élevées. C'est d'ailleurs le seul moyen de rendre compatible la juste influence que doit avoir le pape sur le spirituel avec les principes de l'Empire, qui ne permettent pas qu'aucun évêque étranger puisse ou doive y exercer quelque influence.

RELIGION.

L'Empereur est satisfait de l'esprit qui anime tout son clergé.

Les soins de l'administration se sont portés sur les besoins des diocèses. L'établissement des écoles secondaires ecclésiastiques, vulgairement appelées *petits séminaires*; la fondation de beaucoup de grands séminaires pour les études plus avancées ; le rétablissement des églises par-tout où elles avaient été détruites , et l'achèvement de plusieurs grandes métropoles dont la révolution avait interrompu la construction , sont des preuves manifestes de l'intérêt que porte le Gouvernement à la splendeur du culte et à la prospérité de la religion.

Les dissensions religieuses, suite de nos troubles politiques, ont entièrement disparu ; il n'y a plus en France que des prêtres dans la communion de leurs évêques , et réunis dans leurs principes religieux comme dans leur attachement au Gouvernement.

Vingt-sept évêchés étant depuis long-temps vacans , et le pape ayant refusé à deux époques différentes, de 1805 à 1807, et de 1808 jusqu'à présent, d'exécuter les clauses du concordat qui l'obligent à instituer les évêques nommés par l'Empereur, ce refus a rendu nul le concordat ; il n'existe plus. L'Empereur a donc été obligé de convoquer tous les évêques de l'Empire, afin qu'ils avisassent au moyen de pourvoir aux siéges vacans, et de nommer à ceux qui viendraient à vaquer, conformément à ce qui se faisait sous Charlemagne, sous saint Louis, et dans tous les siècles qui ont précédé le concordat de François I.er et de Léon X ; car il est de l'essence de la religion catholique de ne pouvoir se passer du ministère et de la mission des évêques.

Ainsi a cessé d'exister cette fameuse transaction de François I.er et de Léon X, contre laquelle l'église, l'université et les cours souveraines ont si long-temps réclamé, et qui a fait dire aux publicistes et aux magistrats du temps, que le roi et le pape s'étaient cédé mutuellement ce qui n'appartenait ni à l'un ni à l'autre. C'est désormais aux délibérations du concile de Paris qu'est attaché le sort de l'épiscopat, qui aura tant d'influence sur celui même de la religion. Le concile décidera si la France sera, comme l'Allemagne, sans épiscopat.

4

Au reste, s'il a existé d'autres divisions entre l'Empereur et le souverain temporel de Rome, il n'en a existé aucune entre l'Empereur et le pape, comme chef de la religion, et il n'est rien qui puisse porter la moindre inquiétude dans les ames les plus timorées.

ORDRE JUDICIAIRE.

On avait séparé la justice civile et la justice criminelle ; la magistrature ne poursuivait les délits que lorsqu'ils lui étaient signalés par la police. Le dernier Code que vous avez adopté, a réuni la justice civile et la justice criminelle ; il a institué des cours impériales investies du droit de poursuivre et d'accuser, et les a armées de toute la force nécessaire pour faire exécuter les lois. Le maintien et le perfectionnement du jury, la confrontation des témoins et la publicité de l'instruction ont rassemblé ce qu'avaient de bon l'ancien et le nouveau système.

En nommant aux différentes places, Sa Majesté a recherché les hommes qui restaient encore des anciens parlemens, et que leur âge et leurs connaissances rendaient susceptibles d'être employés dans les cours impériales ; elle les y a appelés de son propre mouvement, donnant ainsi une nouvelle preuve de son desir constant de voir les Français oublier leurs anciennes querelles, et achever de se confondre dans le seul intérêt de la patrie et du trône.

ADMINISTRATION.

Bien des réclamations ont été présentées sur les limites des différens départemens. Il s'est même fait entendre des opinions qui voudraient substituer de grandes préfectures aux préfectures actuelles ; mais Sa Majesté les a rejetées, et a pris pour principe de regarder comme établi et permanent ce qui a été fait.

L'instabilité détruit tout. Une grande révolution a passé sur l'organisation des départemens; c'est comme un acte de propriété auquel Sa Majesté ne veut point toucher. Ces départemens ont été formés, consolidés au milieu d'imposantes circonstances qui ont rapproché leurs habitans, et ils resteront toujours unis de même.

L'administration communale s'est par-tout perfectionnée. Les budgets délibérés en Conseil d'état dirigent et censurent ainsi l'administration de toutes les communes de l'Empire qui ont plus de 10,000 fr. de revenu. Déjà la masse de ces revenus s'élève à plus de 80 millions. Jamais, dans aucun temps et dans aucun pays, les communes n'ont été aussi riches. Par-tout ailleurs, l'octroi est une imposition souveraine; Sa Majesté l'a laissé aux communes : aussi tous leurs établissemens se trouvent dans le meilleur état; et dans presque toutes, on a entrepris la construction d'hôtels-de-ville, de halles, de magasins publics, ou d'autres travaux qui doivent les embellir ou augmenter leur prospérité.

Les hôpitaux se sont par-tout améliorés : on peut dire qu'à aucune époque ils n'ont été mieux tenus. La charité s'exerce avec abondance; et les legs acceptés au Conseil d'état pour les hôpitaux, montent à plusieurs millions chaque année.

Sa Majesté a approuvé et doté un grand nombre de congrégations des sœurs de la charité, ayant pour but d'assister les malades et de servir les hôpitaux. L'intention de Sa Majesté est que toutes ces sœurs soient, pour les affaires religieuses, sous la direction de leurs évêques, qui seuls ont le pouvoir de se mêler du spirituel dans l'étendue de leur diocèse. Aucune congrégation, sous quelque prétexte que ce soit, ne peut ni ne doit se soustraire à leur juridiction.

Les dépôts de mendicité ont été créés dans soixante-cinq

départemens : dans trente-deux ils sont déjà en activité ; et dans ces trente-deux départemens, il n'est plus permis de mendier. Ces dépôts ont encore besoin de se perfectionner, afin que les travaux y soient bien établis, et qu'ils puissent alors subvenir à la plus grande partie de leurs dépenses.

INSTRUCTION PUBLIQUE.

L'université a fait des progrès. Quelques lycées étaient mal constitués : les principes de la religion, fondement de toute institution comme de toute morale, en étaient écartés, ou étaient faiblement pratiqués. Le grand-maître et le conseil de l'université ont remédié à la plus grande partie de ces abus. Bien des choses cependant restent à faire pour réaliser les espérances et les vues de l'Empereur dans cette grande création.

L'éducation de famille est celle qui mérite le plus d'encouragement ; mais, puisque les parens sont obligés de confier si souvent leurs enfans à des colléges ou à des institutions, l'intention de l'Empereur est que l'organisation de l'université s'étende à tous les colléges et aux institutions de tous les degrés, afin que l'éducation ne soit plus comme une manufacture ou une branche de commerce exercée dans des vues d'intérêt pécuniaire. Diriger l'éducation est une des plus nobles fonctions de père de famille, ou un des principaux buts des institutions nationales. Le nombre des lycées et celui des colléges communaux seront augmentés ; le nombre des institutions particulières sera graduellement diminué, jusqu'au moment où elles seront toutes fermées.

Toute l'éducation publique doit se régir par la discipline militaire, et non par la police civile ou ecclésiastique. L'habitude de la discipline militaire est la plus utile, puisque, dans tous les états de la vie, les citoyens ont besoin de pouvoir défendre leurs propriétés contre les ennemis intérieurs ou extérieurs

Il faut dix ans encore pour que tout le bien que Sa Majesté attend de l'université soit réalisé et pour que ses vues soient accomplies : mais déjà de grands avantages sont obtenus; ce qui existe est préférable à ce qui a jamais existé.

Pour l'institution primaire des enfans, Sa Majesté voit avec plaisir l'établissement des petites écoles; elle en desire la propagation.

Indépendamment des maisons de Saint-Denis et d'Écouen, six maisons ont été instituées pour l'éducation des filles dont les pères se sont dévoués au service de l'État.

SCIENCES ET ARTS.

La découverte de l'aiguille aimantée a produit une révolution dans le commerce : le sucre a détruit l'usage du miel, l'indigo celui du pastel. Les progrès de la chimie opèrent dans ce moment une révolution en sens inverse : elle est parvenue à tirer le sucre des raisins, de l'érable et de la betterave. Le pastel, qui avait enrichi le Languedoc et une partie de l'Italie, mais qui n'avait pu, dans l'enfance de l'art, soutenir la concurrence avec l'indigo, reprend à son tour le dessus : la chimie en extrait aujourd'hui une fécule qui lui donne sur l'indigo l'avantage du prix et de la qualité. Toutes les branches des sciences et des arts se perfectionnent.

TRAVAUX PUBLICS.

De grands travaux sont entrepris depuis dix ans, et se poursuivent chaque année avec un nouveau zèle et un nouvel accroissement de moyens. En 1810, 138 millions ont été affectés à ces travaux; 155 le sont en 1811.

TABLEAU comparatif des Dépenses pour les Travaux publics en 1810 et 1811.

OBJETS DES DÉPENSES.	MONTANT DES DÉPENSES.	
	EN 1810.	EN 1811.
Ministère de la guerre.		
Constructions de places et de nouveaux ouvrages..........................	fr. 16,984,600.	fr. 22,670,000.
Ministère de la marine.		
Ouvrages hydrauliques; travaux des bassins et des ports.................	5,757,840.	7,000,000.
Ministère de l'intérieur.		
Constructions neuves dans les établissemens publics; école des arts et métiers; réparations, &c......................	1,095,254.	12,678,000.
Ponts et chaussées.		
Routes............................	36,299,413.	40,580,635.
Ponts............................	4,505,711.	5,101,172.
Navigation, canaux, desséchemens...	21,621,735.	18,715,947.
Ports de commerce, digues à la mer, polders............................	7,823,486.	4,218,622.
Travaux de Paris et des palais.......	22,330,753.	28,007,836.
Travaux dans les villes des départemens..............................	19,745,075.	20,200,000.
Ministère des cultes.		
Construction et réparations des églises.	1,977,860.	2,728,788.
	138,141,727.	154,901,000.

Au milieu des guerres, des dépenses que nécessitent des armées immenses, la création et l'organisation de flottes nombreuses, les sacrifices que fait le trésor impérial pour les travaux publics sont tels, qu'ils surpassent dans une seule année tout ce qui y était employé sous l'ancienne monarchie dans une génération.

FORTIFICATIONS.

Une grande partie de ces dépenses a pour but la création de nouvelles places fortes : ce sont des travaux faits en faveur de l'avenir pour consolider et fortifier l'Empire.

Une place du second ordre est fondée au Texel, pour défendre l'embouchure du Zuydersée; trois mille hommes pourront y soutenir un siége de plusieurs mois. Anvers, Breskens, le Fort impérial, Cadsant, Wilhemstadt, l'Écluse, le Sas-de-Gand, sont déjà d'imposantes barrières ; Flessingue, entourée de forts au-delà de la portée de la bombe, couverte par des inondations réglées et par des ouvrages multipliés, est désormais à l'abri de toute tentative.

En 1810 et 1811 on a dépensé aux places de l'Escaut plus de 8 millions : il était naturel de faire de grands travaux sur un point qui sera toujours l'objet de la jalousie et des craintes de nos ennemis naturels.

De nouveaux ouvrages sont construits à Ostende ; il y existait déjà une enceinte, mais elle était de peu de valeur. Il a été également commencé de grands travaux à Boulogne, au Havre et à Cherbourg. Le Havre avait été construit par Vauban : quelques années avant la révolution, sous de vains prétextes, on imagina d'en détruire les fortifications. On avait laissé démantelée et ouverte cette ville, la clef de la Seine, et qu'on peut justement appeler le port de Paris. Des ouvrages considérables y sont exécutés : la place est déjà fermée et en état de soutenir un siége.

L'établissement du port de Cherbourg exige de vastes fortifications ; et dès la fin de cette année, cette ville sera susceptible de soutenir un siége. Les plans adoptés sont sur une grande échelle. Ce sera une place du premier rang.

Dès l'année passée, on a repris les travaux de Dunkerque, de Montreuil et d'Abbeville, qui avaient été négligés. Ces boulevarts sont rétablis sur le meilleur pied. On complète et l'on répare la défense de Brest. On a établi un nouveau système de fortifications pour Lorient et pour Rochefort.

Les travaux des îles Saint-Marcouf, de Belle-Ile et de l'Ile-d'Aix se continuent. De nouveaux ouvrages sont ajoutés aux fortifications de Toulon, se construisent aux îles d'Hyères, à Gènes et à la Spezzia. On a travaillé et l'on travaille à agrandir considérablement, du côté de terre, les importantes fortifications de Porto-Ferrajo.

A Corfou, place déjà très-forte, on travaille depuis quatre ans à de grandes constructions. De nouveaux projets ont été adoptés, et cette clef de l'Adriatique est gardée par douze mille hommes de troupes, ayant des vivres pour deux ans et une artillerie nombreuse approvisionnée pour un siége de la plus longue durée.

Le fort Napoléon s'élève sur la rive gauche du Rhin, en face de Wesel, dont les anciennes défenses sont corrigées et perfectionnées. Venloo et Juliers sont mis dans le meilleur état. Cassel et Kehl sont créés : les travaux commencés depuis 1807 ont déjà un résultat satisfaisant ; et les ponts importans de Wesel, Mayence et Strasbourg, sont couverts sur les deux rives par autant de places du premier ordre. Alexandrie, qui est le centre formidable de nos magasins et notre point d'appui au-delà des Alpes, est depuis dix ans l'objet d'une dépense annuelle de 3 millions.

On travaille dans le royaume d'Italie avec la même ardeur aux fortifications de Palma-Nova et d'Ozopo, ainsi qu'à accroître les ouvrages d'Ancône, de Venise et de Mantoue.

A voir l'activité qui règne depuis huit ans dans les travaux sur toutes nos frontières, on dirait que la France est menacée d'une prochaine invasion. Je n'aurai pas besoin de mettre sous vos yeux, pour contraster avec cette idée, la situation de tous nos voisins, qui sont nos alliés et qui sont réunis à notre système, et la prépondérance que nous ont donnée les dernières campagnes; mais je dirai seulement que, lorsque dans de pareilles circons- tances on a sacrifié en peu d'années plus de 100 millions pour une dépense qui n'intéresse que l'avenir, il faut rendre grâce au Gouvernement, qui, non content d'assurer le bonheur de la génération actuelle, veut aussi garantir la tranquillité de la postérité, et maîtrise ainsi jusqu'aux chances les plus éloignées de la fortune.

PORTS.

On travaille à nos ports avec la même activité. A Anvers, dès la fin de l'année dernière, on a enlevé le batardeau du bassin. Dix-huit vaisseaux de ligne, même à trois ponts, peuvent y être reçus et en sortir tout armés. Au commencement de cette année, deux vaisseaux de quatre-vingts y ont été doublés en cuivre et radoubés. Les travaux se continuent avec ardeur. Avant la fin du mois de septembre prochain, le bassin pourra contenir trente vaisseaux.

Les vaisseaux de ligne ne pouvaient entrer que désarmés dans le bassin de Flessingue. On a desséché et isolé l'écluse;

on s'occupe à en baisser le radier de manière que vingt vaisseaux pourront entrer dans ce bassin tout armés. Les quais que les Anglais avaient renversés, sont rétablis. On travaille à reconstruire le magasin général, et on le met à l'abri de la bombe.

Les premiers fonds ont été faits pour le bassin de Terneuse; ses fondemens se jettent. Vingt vaisseaux de ligne tout armés pourront sortir de ce bassin dans une seule marée. Il pourra en contenir plus de quarante.

L'écluse de chasse d'Ostende est terminée; elle a fait le plus grand bien au port. Celle de Dunkerque jouera à la fin de l'année : on en attend de grands résultats pour le creusement de la passe. L'écluse du Havre est achevée : elle a d'heureux effets.

A Cherbourg, les dépenses de la rade sont de deux espèces. Il s'agit, 1.º d'élever la digue au - dessus du niveau des basses mers : ce but sera atteint cette année; 2.º d'établir des forts aux extrémités de la digue, afin de défendre la rade. Le fort du centre vient d'être achevé. La rade ainsi assurée, il restait à creuser un port : ce grand travail est exécuté aux neuf dixièmes. Trente vaisseaux de ligne pourront être reçus dans le bassin et l'avant-port. Déjà un vaisseau, qui avait été endommagé par un accident de mer, a pu entrer dans le bassin et y a été radoubé. L'avant-port et le bassin seront achevés en 1812. Les cales de construction et les formes existent déjà. Les travaux de Cherbourg seuls exigent plus de 3 millions par an.

Tous les ports du deuxième et du troisième ordre sont l'objet de plus ou moins de travaux; tous s'améliorent avec une grande rapidité.

CANAUX.

Le canal de Saint-Quentin est achevé; dès cette année, il a été dans une grande activité de navigation; il influe déjà sur le prix du bois et du charbon dans la capitale.

Le canal du Nord, qui unit le Rhin et l'Escaut, était fait au tiers; mais, la réunion de la Hollande l'ayant rendu inutile, on a suspendu ces travaux.

Le canal Napoléon, qui joint le Rhin à la Saone, sera terminé en quatre ans : 3 millions par année y sont affectés. Le canal de Bourgogne, qui joint la Saone à la Seine, se poursuit vivement. On y dépensera cette année un million cinq cent mille francs. Le canal d'Arles, qui fait arriver le Rhône au Port-de-Bouc, est fait au tiers ; celui qui coupe la presqu'île de Bretagne en joignant la Rance à la Vilaine, s'exécute. Le canal du Blavet, qui joint Napoléonville à Lorient, et qui un jour de Napoléonville ira à Brest, est presque achevé. Beaucoup d'autres canaux de moindre importance sont ou terminés ou en grande activité de construction.

ROUTES.

En améliorant les routes on raccourcit les distances. On évalue que Turin a été déjà rapproché de Paris de trente-six heures; savoir, vingt-quatre heures pour le passage du Mont-Cenis, et douze heures pour la nouvelle route de la Maurienne. Sa Majesté a décrété l'établissement d'une nouvelle route de Paris à Chambéry, par Tournus. Cette route, évitant les montagnes, sera plus courte de huit heures : ainsi Turin aura été rapproché de quarante-quatre heures de Paris, ce qui fait presque la moitié de la distance.

Milan est rapproché de Paris, par la route du Simplon, de plus de cinquante heures de marche, en comparant la route actuelle à ce qui existait il y a dix ans.

Baïonne et l'Espagne ont été rapprochés de Paris, de dix-huit heures, par la chaussée faite dans les sables des Landes entre Bordeaux et Baïonne.

Mayence et l'Allemagne ont été rapprochées de douze heures ; par la chaussée construite dans les sables de Mayence à Metz. Hambourg le sera l'année prochaine de plus de soixante heure, par la chaussée faite à travers les sables de Maestricht à Wesel, et de Wesel à Hambourg ; et ce sera le premier exemple dans l'histoire, de quatre-vingts lieues de route faites dans le cours de deux années. Dix ateliers y sont occupés ; et avant la fin de 1811, beaucoup plus de la moitié de cette route sera achevée. Amsterdam sera également rapproché de Paris de douze heures, par la chaussée dans les sables d'Anvers à Amsterdam, à laquelle on travaille sur plusieurs points. De nouvelles routes s'ouvrent de la Spezzia à Parme, de Florence à Rimini, de Nice à Gènes.

Tous les conseils généraux des départemens rivalisent d e zèle pour seconder les intentions du Souverain ; et par-tout des routes s'ouvrent pour établir des communications entre les différens points des départemens.

La construction d'un grand nombre de ponts est entreprise. Ceux de Bordeaux, de Rouen, d'Avignon sur le Rhône, de Turin sur le Pô, sont les plus notables. Ceux de Bordeaux et de Rouen, ainsi que celui sur la Durance, qui a été achevé l'année dernière, étaient regardés comme impossibles. Un grand nombre d'autres sont de même achevés.

TRAVAUX DE PARIS.

Le canal de l'Ourcq et la distribution de ses eaux dans les différentes parties de Paris, sont l'objet d'une dépense de deux millions cinq cent mille francs par an. Dans quelques années ces travaux seront complétement achevés. Déjà soixante fontaines répandent les eaux de l'Ourcq dans les principaux quartiers et marchés de la capitale. L'eau y arrive et les arrose continuellement. La Seine, la Marne, l'Yonne et l'Oise sont l'objet de travaux considérables pour améliorer leur navigation. La coupure de Saint-Maur, qui sera achevée l'année prochaine, abrégera la navigation de la Marne de cinq lieues, et donnera des eaux pour de nombreuses usines. Les écluses établies au Pont-de-l'Arche, à Vernon et à Pose, faciliteront la navigation de la Seine, et d'autres écluses la prolongent jusqu'à Troyes et à l'Aube. Les ponts de Choisy, de Besons et d'Iéna, facilitent les communications ou concourent à l'embellissement de la capitale.

Le Louvre s'achève : on abat cette quantité de maisons qui se trouvent entre le Louvre et les Tuileries. Une seconde galerie réunit les deux palais.

MARINE.

Nous avons perdu la Guadeloupe et l'Ile-de-France. La volonté de secourir ces colonies ne devait point faire tenter la sortie de nos escadres dans l'état d'infériorité relative où elles se trouvaient.

Depuis la réunion de la Hollande, ce pays nous a fourni dix mille matelots et treize vaisseaux de ligne. Nous avons des flottes considérables dans l'Escaut et à Toulon. Des divisions de vaisseaux de ligne, plus ou moins fortes, sont dans les différens ports, et quinze vaisseaux sur les chantiers d'Anvers. Tout y est disposé de manière à ajouter chaque année un grand nombre de bâtimens de guerre à notre escadre de l'Escaut. Deux vaisseaux de ligne sont en construction à Cherbourg ; et l'approvisionnement en bois et en matériaux de toute espèce y est si considérable, que nous pouvons en mettre cinq sur le chantier avant la fin de 1811. Lorient, Rochefort, Toulon, ont toutes leurs cales occupées. De nombreux vaisseaux se construisent à Venise.

Naples devait, suivant les traités, avoir cette année six vaisseaux de ligne et six frégates. Ce royaume ne les a pas. Le Gouvernement de ce pays se convaincra de la nécessité de réparer cette négligence.

Nos ressources, notre navigation intérieure, suffisent pour porter, en peu d'années, le matériel de notre marine au même point que celui de nos ennemis.

Les essais faits sur la conscription maritime ont réussi ; les jeunes gens de dix-huit, dix-neuf et vingt ans, mis à bord de nos vaisseaux, montrent la meilleure volonté, et se forment rapidement. Les fréquentes sorties de nos escadres, le cabotage, les évolutions de nos flottes et flottilles dans le Zuydersée, l'Escaut et nos rades, ont fait faire à nos jeunes conscrits des progrès qui donnent lieu de concevoir les meilleures espérances.

GUERRE.

En une année la plupart des places fortes de l'Espagne ont été prises après des siéges qui honorent le génie et l'artillerie de l'armée française. Plus de deux cents drapeaux, quatre-vingt mille prisonniers, et des centaines de pièces de canon, ont été enlevés aux Espagnols dans plusieurs batailles rangées. Cette guerre tournait à sa fin, lorsque l'Angleterre, sortant de sa politique accoutumée, est venue se présenter en première ligne. Il est facile de prévoir le résultat de cette lutte, et d'en comprendre tous les effets sur les destins du monde.

La population de l'Angleterre ne pouvant suffire à l'occupation des deux Indes, de l'Amérique et de plusieurs établissemens dans la Méditerranée, à la défense de l'Irlande et de ses propres côtes, aux garnisons et aux équipages de ses immenses flottes, à la consommation d'hommes d'une guerre opiniâtre soutenue contre la France dans la péninsule espagnole, bien des chances sont pour nous, et l'Angleterre s'est placée entre la ruine de sa population, si elle persiste à soutenir cette guerre, ou la honte, si elle l'abandonne après s'être si fortement mise en avant.

La France a huit cent mille hommes sous les armes; et lorsque de nouvelles forces, de nouvelles armées marchent sur l'Espagne pour y combattre nos éternels ennemis, quatre cent mille hommes, cinquante mille chevaux, restent dans notre intérieur, sur nos côtes, sur nos frontières, prêts à se porter à la défense de nos droits par-tout où ils pourraient se trouver menacés.

Le système continental, qui se suit avec la plus grande constance, sape la base des finances de l'Angleterre : déjà son change perd 33 pour 100; ses colonies sont sans débouchés pour leurs productions; la plupart de ses fabriques sont fermées..... Et le système continental ne fait que de naître ! Suivi pendant dix ans, il suffirait seul pour détruire les ressources de l'Angleterre.

Ses revenus ne sont pas fondés sur le produit de son sol, mais sur le produit du commerce du monde; dès-à-présent, ses comptoirs sont à moitié fermés. Les Anglais espèrent en vain du bénéfice du temps et des événemens que leurs passions allument, que des débouchés s'ouvriront pour leur commerce.

Quant à la France, le système continental n'a rien changé à sa position : nous étions depuis dix ans sans commerce maritime, et nous serons encore sans commerce maritime. La prohibition des marchandises anglaises sur le continent a ouvert un débouché à nos manufactures ; mais celui-là leur manquerait, que la consommation de l'Empire leur en offre un raisonnable : c'est à nos fabriques à se régler sur les besoins de plus de soixante millions de consommateurs.

La prospérité du trésor impérial n'est pas fondée sur le commerce de l'univers. Plus de 900 millions, qui sont nécessaires pour faire face aux dépenses de l'Empire, sont le résultat d'impôts directs ou indirects naturels. Il faut à l'Angleterre, pour solder ses dépenses, 2 milliards ; et son revenu propre ne pourrait pas lui en fournir plus du tiers. Nous croirons que l'Angleterre pourra soutenir aussi long-temps que nous cette lutte, lorsqu'elle aura passé plusieurs années sans emprunts, sans consolidation de billets de l'échiquier, et lorsque ses paiemens se feront en argent, ou du moins en papier échangeable à volonté.

Tout homme raisonnable doit être persuadé que la France peut rester dix ans dans l'état actuel, sans éprouver d'autres embarras que ceux qu'elle éprouve depuis dix ans, sans augmenter sa dette et en faisant face à toutes ses dépenses.

L'Angleterre doit, chaque année de guerre, emprunter 800 millions ; ce qui, en dix ans, ferait 8 milliards. Comment concevoir qu'elle puisse parvenir à supporter une augmentation de contributions de 400 millions, pour faire face aux intérêts de ses emprunts, elle qui ne peut suffire aujourd'hui à ses dépenses qu'en empruntant 800 millions chaque année? Le système actuel des finances de l'Angleterre ne peut être fondé que sur la paix. Tous les systèmes de finances, basés sur des emprunts, sont en effet pacifiques de leur nature, puisqu'emprunter, c'est appeler les ressources de l'avenir au secours des besoins présens. Cependant l'administration actuelle de l'Angleterre a proclamé le principe de la guerre perpétuelle ; c'est comme si le chancelier de l'échiquier avait annoncé qu'il proposera dans quelques années le bill de la banqueroute. Il est en effet mathématiquement démontré que vouloir pourvoir aux dépenses avec 800 millions d'emprunts annuels, c'est déclarer que dans quelques années on n'aura plus d'autre ressource que la banque route. Cette observation frappe chaque jour les hommes clairvoyans : à chaque campagne, elle deviendra plus frappante encore pour tous les capitalistes.

Nous sommes à la quatrième année de la guerre d'Espagne ; mais, ne fût-ce même qu'après quelques campagnes, l'Espagne sera soumise et les Anglais en seront chassés. Que sont quelques années pour consolider le grand Empire et assurer la tranquillité de nos enfans? Ce n'est pas que le Gouvernement ne desire la paix : mais elle ne peut se faire tant que les affaires de l'Angleterre seront dirigées par des hommes qui, toute leur vie, ont fait profession de la guerre perpétuelle ; et sans garantie, que serait cette paix pour la France? Au bout de deux ans, les flottes anglaises arrêteraient nos bâtimens et ruineraient nos places de Bordeaux, de Nantes, d'Amsterdam, de Marseille, de Gènes, de Livourne, de Venise, de Naples, de Trieste, de Hambourg, comme ils l'ont déjà fait : une telle paix ne serait qu'un piége tendu à notre commerce ; elle ne serait utile qu'à l'Angleterre, qui retrouverait un débouché pour son commerce, et qui changerait le système continental. Le gage de la paix est dans l'existence de notre flotte et de notre puissance maritime. Nous pourrons faire la paix avec sûreté, quand nous aurons cent cinquante vaisseaux de ligne ; et malgré les entraves de la guerre, la situation de l'Empire est telle, qu'avant peu nous aurons ce nombre de vaisseaux. Ainsi la garantie de notre flotte, et celle d'une administration anglaise fondée sur des principes différens de ceux du cabinet actuel, peuvent seules donner la paix à l'univers. Elle nous serait utile sans doute ; elle est desirable sous toute espèce de rapports ; nous dirons plus, le continent, le monde entier la réclament : mais nous avons une consolation, c'est qu'elle est bien plus desirable encore pour nos ennemis que pour nous ;

et, quelques efforts que fasse le ministère anglais pour étourdir la nation par la foule des pamphlets et par tout ce qui peut tenir en action une population avide de nouvelles, il ne peut cacher au monde combien la paix devient tous les jours plus indispensable à l'Angleterre.

Ainsi, Messieurs, tout, dans le présent, nous garantit un avenir aussi heureux que plein de gloire; et cet avenir, nous en trouvons un gage de plus dans cet enfant si desiré, qui enfin, accordé à nos vœux, va perpétuer la plus illustre dynastie; dans cet enfant qui, au milieu des fêtes dont votre réunion semble faire partie, reçoit déjà, avec le GRAND NAPOLÉON et avec l'auguste Princesse qu'il a associée à ses hautes destinées, les hommages d'amour et de respect de tous les peuples de l'Empire.

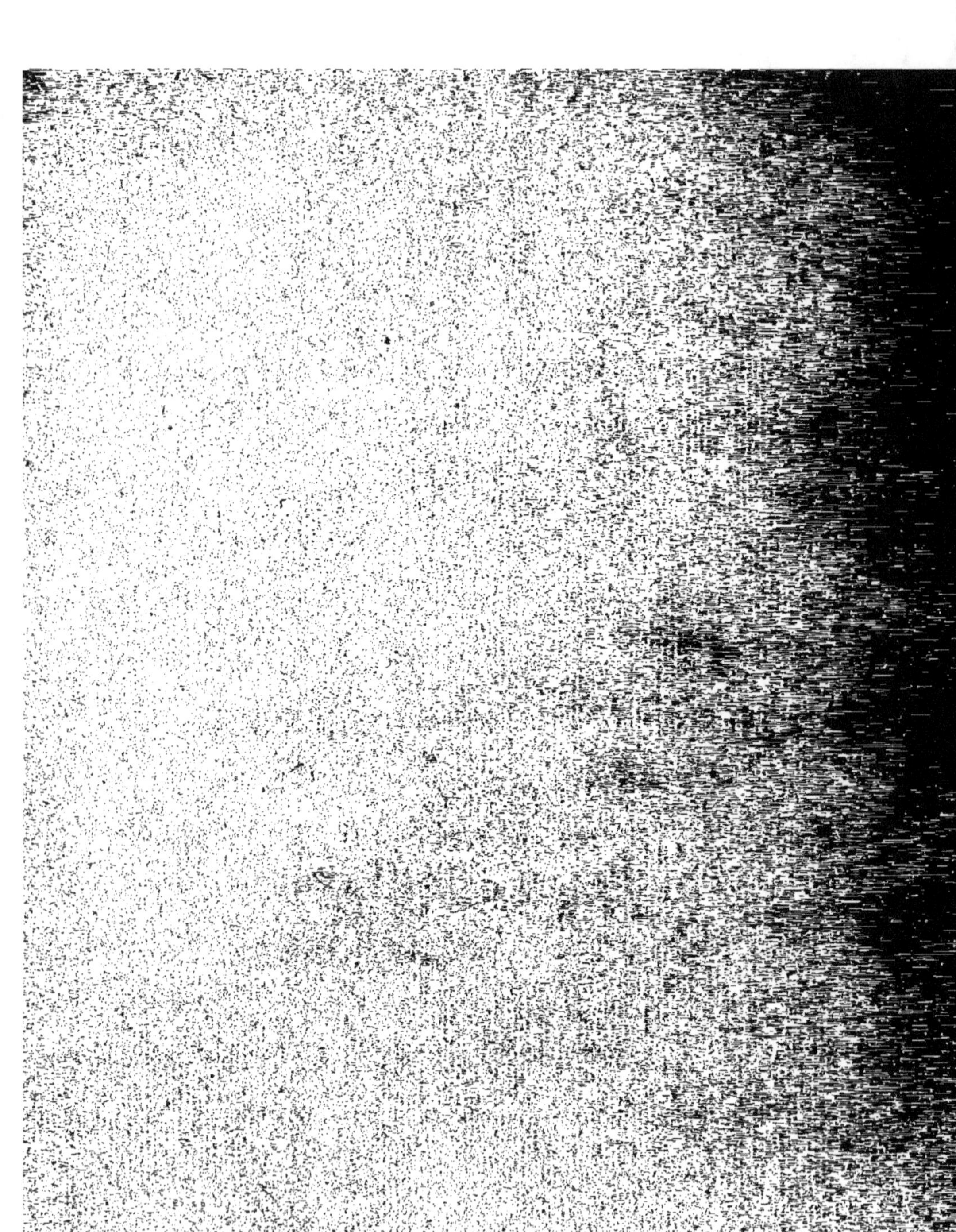